Sonnets to Madness and Other Misfortunes

Sonetos a la locura y otras penas

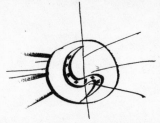

Sonnets to Madness and Other Misfortunes

Sonetos a la locura y otras penas

Francisco X. Alarcón

Translated by Francisco Aragón

A Donald S. Ellis Book

CREATIVE ARTS BOOK COMPANY
Berkeley • California

Sonnets to Madness and Other Misfortunes
is published by Donald S. Ellis
and distributed by Creative Arts Book Company

Cover art and illustrations by René Castro

Grateful acknowledgement to the editor of the *U.S. Latino Review*, where
'Sonnet XIV' first appeared.

'Dedicatoria Chicana' with English translation by Adrienne Rich and
illustration by Eduardo Carrillo, was published as a broadside by Felicia Rice
of Moving Parts Press, Santa Cruz, California, 1989.

For information contact:
Creative Arts Book Company
833 Bancroft Way
Berkeley, California 94710
1-800-848-7789

ISBN 0-88739-450-7
Library of Congress Catalog Number 2001089528

Printed in Canada

Translator's acknowledgements:

I would like to thank the UC Davis English Department's *Miller Travel Fund*, whose generosity facilitated the translation of these sonnets; the British Language Centre in Madrid—my former employer—who provided an air-conditioned room where many of these poems were first rendered during the blistering month of August; José María Alonso García, who provided a home during the summer of 1999, allowing me to carry out this project.

CONTENTS

Sonnets to Madness and Other Misfortunes

Sonetos a la locura y otras penas

Dedicatoria chicana

al dolor y risa de mi gente,
rica en su pobreza, tierna como nopal
floreciendo cantos en el desierto:
a su promesa y olvido me acojo

gente mitotera en los ventanales,
olor de campo, niños en las puertas,
mujeres a solas desangrándose:
mi voz como balcón de barrio alega

hay tantas prisiones, tantos silencios,
tantas muertes negándome la vida:
mis raíces también de almohada me sirven

a los que—como yo—nacieron marcados,
hechos extranjeros en su propia tierra:
como patria nueva, mis versos libres

CHICANO DEDICATION

to the grief and laughter of my people,
rich in their poverty, tender as prickly pear
flowering songs in the desert—
I shelter in their promise and neglect

gossipy people in windows of houses,
odor of fields, children in doorways,
women bleeding all alone—
my voice argues like a balcony in the barrio

there are so many prisons, so many silences,
so many deaths forbidding my life—
my roots serve me also as pillow

to those who—like me—were born branded,
made strangers on their own soil—
here is a new country, my free verses

Translation by Adrienne Rich

I

quiero dejar de ser noche sin fin,
un libro arrumbado que nadie lee,
un paraguas plegado en el armario
que solamente se abre en días de lluvia

me he llenado tanto de este destino
callado y gris de puerta retrancada
que la soledad como tinta oscura
me ha teñido de púrpura los labios

quiero de golpe romper esta soga
que siempre he llevado anudada al cuello
y salir desmesurado a tu encuentro

hasta ese muelle donde ya se anuncia
tu llegada, te confieso: no tengo
más deseo que el de dejar de ser noche

I

I want to stop being an endless night,
a discarded book no one reads,
an umbrella left in the closet
opened only on rainy days

I'm so smeared with this fate,
gray and silent as a bolted door,
that loneliness like shadowy ink
has bruised my lips

with one yank I want to snap it—
this noose around my neck,
race out the door to meet you

at the docks where they've announced
your arrival, to you I confess—
all I want is to stop being night

II

abrazarte quisiera, viento mío,
tu cuello de verano acariciar,
y besar y besar tu tersa frente
hasta evaporar todas las distancias

las colinas, los viñedos, el mar,
ligero los cargas sobre tu espalda
como joven amanecer de gozo,
capaz de convertir la noche en día

viento, ambiciono tu libertad,
la altura de montaña de tus ojos
esa lumbre que atiza calles, lechos

viento, ¿no ves mis manos llamaradas?
¿no sientes el calor de mis entrañas?
yo también, en las venas, llevo fuego

II

I want to embrace you, dear wind,
stroke your summer neck,
and kiss and kiss your smooth face
till all distances disappear

the hills, vineyards, the sea
are borne lightly on your shoulders,
like dawn's youthful pleasure,
you can turn night into day

wind, I aspire to your freedom,
to see mountain tops with your eyes,
that blaze that rouses streets and beds

wind, don't you see my shimmering hands?
don't you feel the heat inside me?
I too, within my veins, carry fire

III

tus ojos me enseñan de nuevo a ver
como espejos de agua todo lo entienden,
no hay enigma que no puedan descifrar
pues le basta y sobra una mirada

tus ojos ven, escuchan, tocan, hablan,
son faros de luz que en el horizonte
alumbran la realidad de la vida
que queda más allá de las palabras

ahora me pongo a recorrer tu cuerpo,
le doy lectura a cada lunar tuyo
como signo de pausa y puntuación

cómo me gusta escribir en tu pecho,
tener por renglones a tus dorsales:
tú y yo somos tan pluma como página

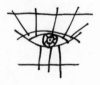

III

your eyes show me how to see again
like mirrors of water, understanding all,
there's no mystery they can't solve—
a single glance is more than enough

your eyes see, listen, touch, speak,
are beacons on the horizon
shedding light on shades of life
beyond the reach of words

so I start to read your body
pausing at every mole, as if
they were commas or periods

how I love to scribble on your chest,
use the muscles on your back as lines—
you and I are both page and pen

IV

"si la montaña no viene hacia ti,
tú ve y alza la montaña como flor,
mira que al final del túnel hay luz,
no temas, no estás solo, estoy contigo"

ahora soy testigo de la palabra
que me tocó el fondo del corazón,
tú me llamaste al oído por mi nombre:
yo te seguí como un peregrino más

tú enardeces el aire que respiro,
eres el fuego que mi boca enciende,
mis labios son leños, llama mi voz

"déjate quemar si quieres alumbrar,
lánzate a la tarde ardiendo como tea,
lo que quede serán brasas de amor"

IV

"if the mountain doesn't come to you
set out and make the mountain bloom,
look—the end of the tunnel's aglow,
relax, I'm with you, you're not alone"

now I can say I heard
the words that struck my heart,
you whispered my name in my ear—
like a pilgrim I heeded your call

you inflame the air I breathe,
you're the fire igniting my mouth—
my lips are logs, the flickering my voice

"let yourself burn and give off light—
lunge into the night as a fiery torch,
what remains will be love's embers"

NUEVO DIA

amanécete mundo
entre mis brazos
que el peso de tu
ternura me despierte

NEW DAY

wake in my arms
beloved world—
may your soft stir
awaken me

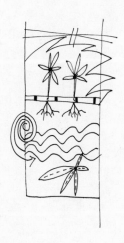

V

entonces las horas eran tan largas
que las mañanas duraban un día,
el sol del cielo era el único reloj
y el viento se sentaba a platicar

mientras la tierra así, recién llovida,
hacía cosquillas a los pies descalzos
y entre los árboles y las colinas,
las nubes jugaban a las escondidas

y las miradas como mariposas
volaban hacia sueños que un abrir
y cerrar de ojos ponía a flor de mano

entonces reír era lo más sensato,
gusto daba hasta llorar y la amistad
como la ternura se regalaba

V

back then hours were so long
mornings lasted entire days,
the sun in the sky our only clock,
and the wind sat down to chat

while the earth, damp with rain,
tickled the soles of bare feet,
and among the trees and hills,
clouds played hide and seek

and glances like butterflies
flitted toward dreams—in a
blink they'd alight in our hands

back then to laugh was common sense,
even to weep a pleasure, and friendship
like tenderness, was a daily gift

VI

hermana, con tu largo pelo enjuagas
las lágrimas de todas las mujeres,
como pañuelo, como pancarta oscura,
como protesta enfrentando el silencio

tus pies, tus manos, nunca han desmentido
tu boca: como pico y pala van
derribando las murallas internas
del castillo encallecido del mundo

hermana, yo también he padecido
mañana que anochecen en el alma,
alfileres que colman el corazón

amanécete contigo y conmigo
cuando encerrada en tu cuarto comiences
como una herida abierta a desangrar

VI

sister, your long hair wipes away
the tears of all women,
like a tissue, like a banner dark
with rage, confronting the silence

your feet, your hands, have never betrayed
your mouth—like a pick and shovel,
they knock down the inner walls
of this callous castle of a world

sister, I too have suffered mornings
that turn to night in the soul,
needles that overwhelm the heart

absent, I'm with you when you wake
locked in your room as you begin
to bleed like an open wound

VII

yo también soy hijo tuyo, no lo niegues,
en mis venas bulle tu misma sangre,
mi boca es tu boca, mis pies, mis manos,
mi nariz: tus pies, tus manos, tu nariz

amarrados están nuestros caminos
a un pasado como a un árbol frondoso,
en silencio lloré cuando llorabas,
también gocé el pan de tus días felices

soy la paloma que creció en tu vientre,
soy la risa que te recibía en la puerta,
soy el que—ni dormido—de ti se olvida

permíteme entrar de nuevo a tu casa
y ser como soy, conoce tú la mía:
te invita el desconocido de tu hijo

VII

I'm your son as well, don't deny it,
your very blood hums in my veins,
my mouth is your mouth, my feet, my hands,
my nose—your feet, your hands, your nose

our journeys are tied to a past
like a leaf to a tree—I've wept
in silence whenever you've cried,
tasted the bread of your happy days

I am the dove that grew in your belly,
I am the laughter that met you at the door,
the one who, even asleep, remembers you

let me come into your home again,
and be who I am, step into mine—
your son the stranger invites you

VIII

escúchame como aquel eco perdido
y hallado en tu mañana de montaña,
mis palabras quieren ser para ti
alas blancas de gaviota en vuelo

moja tus pies en mi ojo de agua
que mi voz, feliz sale a borbotones,
recoge las azucenas que planté
en mi orilla verde para tu regazo

ven, abre la puerta de mi granero,
goza los arrozales cosechados
en la más remota de tus laderas

descansa bajo la sombra que dan
las ramas llenas de hojas de mis brazos,
soy la semilla que tu amor hizo árbol

VIII

listen to me like that echo lost
and found in your mountain dawn,
for you my words want to be
the white wings of a gliding gull

splash your feet in my spring,
for my voice bubbles with joy,
pick for your lap the lilies
planted along my green shore

come, open my barn doors,
relish the rice gathered in the most
hidden corners of your slopes

rest in the shade of the leafy branches
that are my arms—I am
the seed your love has made a tree

PAJARO

vuela pájaro vuela
hasta que con el pico
tu alma hiera al sol

BIRD

soar bird soar
until your beak
wounds the sun

IX

y dije adiós como quien muerde el aire
mis palabras como platos frágiles
en el piso familiar se estrellaron,
verdes me despidieron las macetas

los retratos de la sala me dieron
su bendición y la puerta a la calle
me abrazó tan fuerte como mi madre:
"te vas, ya te fuiste, ¿adónde irás?"

y salí para un día llegar por fin
al mismo lugar donde había salido
pero todo estaba irreconocible

ya era otro, ahora daba yo más sombra,
más pena, entonces supe por qué
mi padre lloraba cuando llovía

IX

and I said goodbye as if biting the air,
my words, like fragile plates,
lay shattered on that floor,
potted plants waved *so long*

living room portraits gave
their blessing as the front door
hugged me as tightly as my mother—
"you're going, you're gone, where will you go?"

and out I went one day to arrive
at the place of my departure,
though everything had changed

as I had, my shadow longer, my pain
deeper, it was then I knew why
my father wept in the rain

X

uno no es nada, estepa, desierto,
ballena varada en el arenal,
banquete con un solo comensal,
piedra muda rodando en la llanura

uno solo, pajarera sin pájaros,
noche sin amanecer, mar sin orilla,
morada sin puertas, sin ventanas,
boca sin labios, lágrima sin rostro

un día uno se tropieza con el otro,
uno no puede seguir siendo nada,
uno y otro, se vuelven a reconocer

como ala y viento, como uña y dedo,
como pan, agua, calor de la vida,
con besos los dos se dicen: *nosotros*

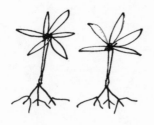

X

one is nothing, a steppe, a desert,
a whale beached at the sea's lip
a banquet with only one guest,
a stone rolling mutely across a plain

one all alone—a bird cage with no bird,
a night with no dawn, sea with no shore,
a house without windows, a door,
a lipless mouth, tears and no face

one day, one runs into the other,
and can't go on as if nothing's happened,
once again they know each other

like wing and wind, like hand and glove,
like bread, water, life's warmth,
and through a kiss say, together—*us*

XI

juntemos todas las mañanas solas
en que hemos dado vueltas tratando
de sacar agua de una noria seca:
cruzando ríos nos morimos de sed

remocemos los rincones tristes,
empolvados, las telarañas grises
que a nuestros cuerpos tienen olvidados:
no somos sótanos, pierdas, ni islas

regalémonos como amaneceres,
como aire, como nubes, para ser
el azul de nuestros mutuos paisajes

inventémonos como cantimploras,
como faros, muelles, tal como somos:
olvidos que se salvan a caricias

XI

let's gather up those mornings
we went around in circles unable
to get water from a waterwheel—
crossing rivers we died of thirst

let's rid ourselves of those sad dusty
nooks, the grey cobwebs
of our long forgotten bodies—
we aren't cellars, rocks, or islands

let's be gifts to each other, like dawns,
like air, like clouds so we can be
the blue of our mutual landscapes

let's invent ourselves like canteens,
like beacons, docks, just as we are—lost
memories saving themselves with caresses

XII

llegarás con el corazón en las manos,
tu latido recogerá el rumor
de una estación de trenes: mil abrazos
dando despedidas y bienvenidas

el negro de tus ojos marcará
el final de otro párrafo de luz
como dos puntos oscuros que anuncian
la llegada impasible de la noche

y no habrá puerta, candado, cancel
que el paso pueda cerrar a tus pies
que una brecha han de abrir hasta a mi pecho

tú me hallarás bebiendo tu memoria
como quien se ahoga en una presa llena:
mi cuarto, negras tendrá las ventanas

XII

you'll arrive with your heart beating
in your hands, detecting the bustle
of a train station—a thousand hugs
saying *hello* and *goodbye*

the black of your eyes'll mark the close
of another paragraph of light
like two dark dots announcing
night's indifferent arrival

and no gate, lock, or bolted door
can stand in your way as your
feet blaze a path to my chest

you'll find me swallowing your memory
like someone drowning behind a dam—
the windows of my room will be black

TEZONTLE

cuán sola
te quedaste
lava
que piedra
te volviste

TEZONTLE

how lonely
you became
lava
that you turned
into a stone

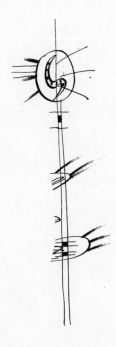

XIII

tigre, tú me devoras las entrañas
con los colmillos más crueles del mundo,
con orines extinguiendo mi fogata,
desacras tumbas en mi camposanto

bárbaro, tú, silencio, me taladras
en la boca un enorme hueco amargo
y prometiendo el fin a mi pobreza,
en la mano me impones tu bandera

cortándome la lengua con tijeras,
amarrándome en la garganta un grito,
me enseñas la dicción del disimulo

arrastrándome a tu guarida oscura,
me dictas acusación, juico y pena:
no sé cómo, sigo yo hablando mudo

XIII

you gnaw at me, tiger, from within
with the cruelest fangs in the world,
putting out my fire with piss,
you defile tombs in my cemetery

barbarian, you drill in silence
a huge bitter hole in my mouth,
and promising an end to my poverty
you shoved your flag in my hand

cutting my tongue with scissors,
tying a scream in my throat,
you teach me the diction of disguise

dragging me to your den of darkness,
you accuse, try, and sentence me—
how is it, mute, I'm still speaking?

XIV

cuando digo: "aquí vibra otra voz
que sueña y goza en los maizales",
estoy desenclavando los postigos
que intentan clausurarnos las ventanas

cuando digo: "los adobes recitan
el verano de nuestra piel morena",
estoy palpando las trenzas de mi abuela,
las íntimas venas de su ensueño

y aunque ahora proclamen falacias
a todas las denuncias del presente,
yo sigo nombrando tierra a la tierra

alimentándome subversivamente
del canto sembrado por los antiguos
en las tortillas más humildes de la vida

XIV

when I say, "here hums another voice
that dreams and delights in cornfields,"
I'm unnailing the shutters
trying to block the view

when I say, "adobe bricks sing
our dark skin's summer,"
I'm touching my grandmother's braids
the intimate veins of her dream

and though our current claims
are all dismissed as false,
I keep calling earth *tierra*

feeding subversively on the songs
the ancients planted and sowed
in the humble tortillas of our days

XV

las palabras son llaves enmohecidas
que ya no abren puertas ni corazones,
son cuchillos sin filo que nos causan
una muerte pausada y dolorosa

son territorios recién conquistados
para vanagloria de reyes tontos,
son barcos encallados, oraciones
sin oír de multitudes naufragadas

llevan las camisas ensangrentadas,
el amargo sabor de violaciones,
enterrada en los ojos, la locura

son pan duro, remanso envenenado,
redes rotas, rejas de un pueblo entero,
tornillos que a un imperio lo desarman

XV

words are rusted keys
that open no doors or hearts,
unsharpened knives that bring us
a long and painful end

they're lands newly conquered
for the glory of foolish kings,
boats run aground, the unanswered
prayers of shipwrecked throngs

they wear bloodied shirts,
the bitter taste of violation—
madness deep in their eyes

they're stale bread, poisoned water,
torn nets, jails of an entire nation—
screws that can undo an empire

XVI

tras este lenguaje hay otro más antiguo,
ágil, huidizo como gato de barrio,
hogareño como el té de limón
de mi abuela en una tarde de lluvia

libre como sonrisa de autobús,
lo susurran sin palabras los amantes,
los niños se lo enseñan a sus perros
y lo vuelven a hablar los moribundos

lengua que no se da, sino se saca
a manazos, como el primer llorido
a un recién nacido en el hospital

aire resucitado en los pulmones,
canto y llanto, mueca y signo,
como cuña, abriéndonos la boca

XVI

beneath this language, there's another,
more ancient, agile, elusive
as an alley cat, cozy as lemon tea
my grandma made on rainy days

free as a big smile on a bus,
lovers, speechless, whisper it,
children teach it to their dogs,
the dead come back to utter it

language that isn't given
but slapped out, like
a newborn's first cry

air that is revived in the lungs,
song and sob, grimace and sign,
a wedge prying open our mouths

PALABRAS HERIDAS

las
palabras
me desconocen
si me les acerco
hurañas como gatos
me arañan

a mí
me duelen
las palabras
como heridas abiertas
que por más que limpio y curo
¡nunca cicatrizan!

WOUNDED WORDS

words
don't know me
if I approach them
they scratch at me
like wild
cats

words
hurt like
open wounds
it's hopeless to clean
and treat them—
they never heal!

XVII

hemos dejado de ser soliloquios,
negras noches, sin luna, sin estrellas,
libros que nadie se atrevió a escribir,
bolsillos rotos, tumbas sin pena

ahora nuestras olas vencen rompeolas,
bravos ríos rugen bajo nuestros puentes,
nos conjuga la rebelión del viento,
de nuestros pechos surgen huracanes

del camino hemos hecho un jardín,
nuestras cicatrices por dentro crecen
—como plantas—y florecen palabras

derrumbando las últimas prisiones,
vamos como colibríes de la selva:
del néctar de nuestras bocas, bebemos

XVII

we've stopped being monologues
black, moonless, starless nights,
books no one dared to write,
torn pockets, forgotten tombs

our waves overwhelm the jetties now,
raging rivers roar beneath our bridges
we're summoned by the wind's rebellion,
hurricanes surge from our chests

we've turned the road into a garden,
our scars grow inward
—like plants—and blossom words

tearing down prison walls we delve
into the forest like humming birds—
we drink the nectar from our mouths

XVIII

esperas como el desierto espera
de la lluvia los labios húmedos,
los brazos abiertos en alto como
cactos ardiendo un fuego vegetal,
tocando en las espinas el silencio

esperas como el desierto espera
de la luna la flor de las caricias,
el aullido de amante por las colinas,
clavadas las ansias de náufrago
en los pechos áridos de las arenas

y te preguntas: ¿cuántos crepúsculos?
¿cuántos latidos? ¿cuántos adioses?
y tiemblas como roedor ante los ojos
sin párpado de la víbora acechante

XVIII

you wait like the desert awaits
the rain's wet lips,
your arms held up
like the vegetal flames of a cactus
touching the thorns of silence

you wait like the desert awaits
the moon's tender blossoms,
the lover's hillside howl,
the pang of the stranded
nailed to the sand's arid breasts

and you ask yourself—how many dawns?
how many heartbeats? how many farewells?
and tremble like a rodent before
the lidless eyes of a poised viper

XIX

a tus puertas vengo, Misión Dolores,
a palpar con mis manos tus adobes
hechos con las lágrimas, el sudor
y el trabajo forzado de mil indios

la blancura de tus muros resguardan
los huesos por tu cruz pulverizados,
¿a cuántos niños bautizaste muertos?
¿cuántas madres cayeron a tus pies?

los otros llegaron y construyeron
a tu lado edificios de madera
con apartamentos para rentar

te volviste de barrio y amarrado con
cuero, tu techo resistió temblores:
los indios—ingenuos—te creyeron casa

XIX

I come to your doors, Mission Dolores,
to touch your adobes with my hands,
made of the tears, the sweat, the forced
labor of a thousand natives

the whiteness of your walls shelter
the bones shattered by your cross,
how many stillborns did you christen?
how many mothers fell at your feet?

others arrived and beside you
constructed wooden buildings—
apartments for rent, and so

your barrio grew, and your roof
fastened with leather, withstood tremors,
the natives—naïve—called you home

XX

ahora que todo tiene su precio
y los sueños se compran en abonos
y el viento tiene hasta su medidor
y la luz del sol se anuncia en venta

ahora que el amor se satisface
al contado o con cheques viajeros
y para respirar se paga interés
y para morir se tiene buen crédito

ahora que esto vale tanto más cuanto
¿cuánto para una cómoda conciencia
después de una masacre televisada?

¿cuánto por el café centroamericano
que trae el clamor de sangre balaceada?
¿cuánto por este poema encabronado?

XX

now that everything has its price,
and dreams are installments,
and even the wind has an agent,
and sunshine is up for sale

now that love is quenched
with cash or traveller's checks,
and to breathe you pay interest,
and dying requires credit

now that this costs that plus tax,
how much for a clear conscience
after a televised massacre?

how much for Central American coffee
that hums with bullet-ridden blood?
how much for this angry poem?

Nocturno marino

la noche es un mar oscuro
y cada cama aquella playa
donde nos vencen las olas:
allí volvemos a ser peces

SEA NOCTURNE

night is an ocean of darkness
and every bed that beach
where waves overwhelm us—
where again we become fish

XXI

otra vez la noche llega y tú no estás,
todos se apresuran como pájaros,
el día se hunde como un transatlántico
en medio del océano más oscuro

"sálvese el que pueda" grita el viento,
en la calle me halla el toque de queda,
seguro me regreso yo a mi puerta:
sí, me niego a naufragar en tu ausencia

como esquimal que en su iglú resiste
al invierno del norte más severo,
así libro yo esta noche desolada

me basta el calor de mis propias manos
y la promesa de verano tuya:
ya nada me podrá impedir el sol

XXI

night arrives and again you're gone,
everbody hurries like birds,
and the day sinks
like a ship in the darkest sea

"every man for himself" cries the wind,
the curfew finding me in the street,
safe, I return to my door—yes,
I won't be stranded with you gone

like an eskimo in his igloo, braving
the harshest northern winter,
I endure this gloomy night

the heat of my hands is enough
with your promise of summer—
nothing can deny me the sun

XXII

abuela, ¿a dónde se han ido todos?
¿qué o quién entró a la casa sin llamar?
los lechos aún tienen huellas calientes,
el almuerzo está servido en los platos

¿no se acordaron de apagar la estufa?
las puertas se quedaron sin cerrar,
los autos y los camiones, afuera,
están abandonados a media calle

¿finalmente nos redujeron a polvo?
¿estoy al final del sueño de todos
o al principio de la gran pesadilla?

¿acaso soy el último hombre vivo
sobre la faz del planeta? ¿se acabó
todo así, sin rastro, sin pena ni gloria?

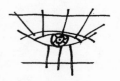

XXII

grandma, where has everyone gone?
who, or what, entered and didn't knock?
the beds are unmade and still warm,
and the table is set for lunch

who forgot to shut off the stove?
nobody's closed the doors,
and outside cars and trucks
are stranded in the middle of the street

have we finally been reduced to dust?
is this the end of everyone's dream,
or the start of the great nightmare?

could it be I'm the last person
on the face of the earth? is this how
it ends—no trace, no grief, no fanfare?

XXIII

cantemos al amor de los amores,
cantemos a los ojos que dan luz,
pongámonos en la cabeza flores,
salgamos a alabar el cielo azul

unamos nuestra voz a los cantares
del coro de pájaros y trigales,
hagamos nuestras mesas mil altares,
en los vasos virtamos manantiales

bailando combatamos la tortura
de la tristeza que sólo la locura
cura con manos llenas de fortuna

gloria a las manos que a heridos sanan,
a los desamados, besos, techos, pan:
Dios duerme en los brazos de los que se aman

XXIII

let us sing to the love of loves,
let us sing to the eyes that shine,
adorn our heads with flowers,
stepping out to praise the sky

let our voices join the chorus
of birds and wheatfields,
turn our tables into shrines,
filling our cups with mountain water

dancing let us resist the torture
of sadness that only madness
with its plentiful luck can cure

hail the hands that heal the wounded,
and to the lonely: shelter, bread, kisses—
God sleeps in the arms of lovers

XXIV

cuando no exista ni la memoria
oxidada de nuestra armadura
y todos los párrafos del mundo
no sean más que un montón de polvo

cuando todos los emblemas como
cuchillos ceremoniales yazcan
bajo la ceniza de mil siglos
y todas las voces enmudezcan

tú y yo—entre otras cosas—seremos
el cuchicheo del viento jugando
entre la risa verde de las ramas

el grano de sal que busca el mar,
la nube que despide al sol como
un beso de sangre en el cielo

XXIV

when not even the rusted
memory of our armor is left,
and all the world's paragraphs
are nothing but a heap of dust

when all symbols and signs
like sacred knives,
lie under a thousand centuries'
ashes—all voices muted

you and I will be, among other things,
the wind's whispering, at play
in the green laughter of branches

a grain of salt seeking the sea,
a cloud that bids the sun farewell,
a kiss of blood in the heavens

Canto

guiados por el olor de la esperanza
de reconocer hasta a los extraños
y llegar al ayer y encontrarnos
en la orilla bañados de futuro

y mirar en cada rostro una puerta
abierta que nos invita a pasar
y hallar refugio en el recuerdo
como pan y agua, como lecho y sol

e hilar cada experiencia en un larga hebra,
cada instante, cada sueño, cada lágrima
y tejer el gran manto colectivo
de la historia de todos los suspiros

y salir descalzos con la primera
lluvia del año a abrazar la ternura
y dar sombra y gozo, fuerza y sostén
como encinos macizos de montaña

y florecer como campos revertidos
y ser ancla, remo, compás y mar
y entonar el mismo canto del viento
con una sola voz frente al silencio:

sólo seremos libres cuando todos
y todas en cada casa, cada barrio,
sin distinción de condición humana,
dondequiera, seamos de veras libres

sólo seremos libres cuando libres
revuelen los salmones en los ríos,
cuando libres recorran como mapas
oscuros los búfalos las praderas

sólo seremos libres cuando *abuso*
hambre, enajenación, soledad,
ya no sean palabras sino el rumor
olvidado de un tiempo muy lejano

sólo seremos libres cuando niños
y niñas nos volvamos otra vez
y nos felicitemos por descubrir
como una maravilla al universo

CANTO

guided by the scent of hope
to even meet up with strangers,
and arrive at yesterday and find
ourselves ashore, bathed in future

and to see in every face a door,
open and inviting us in
to find solace in memories
like bread and water, a bed, the sun

and spin each experience into a thread,
every moment, every dream, every tear,
and weave the great cloak
of the history of every sigh

and to run out, barefoot, into the year's
first rains to embrace tenderness,
and offer shade, joy, strength, support
like solid, mountain oaks

and to flourish like tilled soil,
and to be anchor, oar, compass and sea,
and sing the wind's true song
with one voice, in the face of silence—

we'll only be free when every man
and woman, in every home, street,
every shade of the human race,
everywhere, is truly free

we'll only be free when the salmon
return up wild rivers,
and buffalos like dark maps
roam the open prairies

we'll only be free when *abuse,*
loneliness, hunger, alienation
aren't words, but forgotten
rumors of a far, distant past

we'll only be free when we become
little boys and girls once again
who squirm with joy as we explore
the marvels, the wonders of the world

Photo by René Castro

FRANCISCO X. ALARCÓN, Chicano poet and educator, was born in Los Angeles, California, in 1954, grew up in Guadalajara, Mexico, is the author of ten volumes of poetry, including *Body in Flames/Cuerpo en llamas* (Chronicle Books, 1990), *De amor oscuro/Of Dark Love* (Moving Parts Press, 1991 & 2001), *Snake Poems: An Aztec Invocation* (Chronicle Books, 1992), *No Golden Gate for Us* (Pennywhistle Press, 1993). His books of bilingual poetry for children published by Children's Book Press, *Laughing Tomatoes and Other Spring Poems* (1997) and *From the Bellybutton of the Moon and Other Summer Poems* (1998), both won the Pura Belpré Honor Award by the American Library Association in 1997 and 2000. He has published two other collections of bilingual poetry for children: *Angels Ride Bikes and Other Fall Poems* (1999) and *Iguanas in the Snow and Other Winter Poems* (2001). The University of Arizona Press is slated to publish next year his *From the Other Side of Night: New and Selected Poems.* He has been a recipient of the Danforth and Fulbright Fellowships, and has been awarded several literary prizes including the Before Columbus Foundation American Book Award, the Pen Oakland Josephine Miles Award, and the UC Irvine Chicano Literary Prize. He did his undergraduate studies at California State University, Long Beach, and his graduate studies at Stanford University. He currently teaches at the University of California, Davis, where he directs the Spanish for Native Speakers Program.

FRANCISCO X. ALARCÓN, poeta y educador chicano, nació en Los
Ángeles, California, en 1954, se crió en Guadalajara, México, ha publicado
diez colecciones de poesía, entre ellos: *Body in Flames/Cuerpo en llamas*
(Chronicle Books, 1990), *De amor oscuro/Of Dark Love* (Moving Parts
Press, 1991 & 2001), *Snake Poems: An Aztec Invocation* (Chronicle Books,
1992), and *No Golden Gate for Us* (Pennywhistle Press, 1993). Sus libros de
poemas bilingües para niños publicados por Children's Book Press, *Jitomates
risueños y otros poemas de primavera* (1997) y *Del ombligo de la luna y otros
poemas de verano* (1999), recibieron los premios Pura Belpré de la American
Library Association en 1999 y 2000. Ha publicado otros dos libros poemas
bilingües para niños: *Los ángeles andan en bicicleta y otros poemas de otoño*
(1999) e Iguanas en la nieve y otros poemas de invierno (2001). El
próximo año la Editorial de la Universidad de Arizona publicará su
volumen *From the Other Side of Night: New and Selected Poems*. Ha sido
becario de las fundaciones Danforth y Fulbright. Entre otros premios
literarios que ha recibido están el American Book Award, el Pen Oakland
Josephine Miles Award y el Premio Literario Chicano de la Universidad de
California, Irvine. Hizo sus estudios para la licenciatura en la Universidad
Estatal de California en Long Beach y sus estudios de postgrado en la
Universidad de Stanford. Actualmente enseña en la Universidad de
California, Davis, donde es Director del Programa de Español para
Hispanohablantes.

A native of San Francisco and former editor of *The Berkeley Poetry Review*, FRANCISCO ARAGÓN is the author of *Light, Yogurt, Strawberry Milk* (Chicano Chapbook Series, #26). A long-time resident of Madrid, Spain, his work appears in the anthologies: *American Diaspora: Poetry of Exile* (University of Iowa Press, 2001), and *Inventions of Farewell: A Book of Elegies* (W.W. Norton & Company, 2001). His translations have appeared in various journals, including *Chelsea, Luna, Nimrod,* and *Poetry Flash*. He holds an MA in English from the University of California, Davis, where he was awarded an Academy of American Poets Prize. He is the founding Editor and Publisher of Momotombo Press whose inaugural volume was *Mark My Words: Five Emerging Poets.*

RENÉ CASTRO, designer and photographer, was born in Viña del Mar, Chile, and has lived in San Francisco since1980. His work has been exhibited in many galleries and has appeared in several publications in the U.S., Germany, Mexico, Nicaragua, and Chile. He has designed for musicians like Carlos Santana, Ruben Blades, Inti-Illimani and the Irish group U2, among others. He founded and directed for more than a decade the influential Mission Graphic in the Mission Cultural Center in San Francisco. Currently he is Artistic Director of Walden House in the same city.

Originario de San Francisco y ex-editor de la revista *The Berkeley Poetry Review*, FRANCISCO ARAGÓN es el autor del poemario *Light, Yogurt, Strawberry Milk* (Chicano Chapbook Series, #26). Residente de Madrid, España, por más de una década, sus poemas han sido publicados en las antologías: *American Diaspora: Poetry of Exile* (University of Iowa Press, 2001) e *Inventions of Farewell: A Book of Elegies* (W.W. Norton & Company, 2001). Sus traducciones ha aparecido en varias revistas literarias como *Chelsea, Luna, Nimrod* y *Poetry Flash*. Obtuvo una maestría en inglés de la Universidad de California, Davis, donde fue galardoneado con un premio de la Academia de Poetas Americanos. Es fundador y editor de la editorial Momotombo Press cuyo primer volumen de poemas se titula *Mark My Words: Five Emerging Poets*.

RENÉ CASTRO, diseñador y fotógrafo, nació en Viña del Mar, Chile, y ha residido en San Francisco desde 1980. Su obra se ha exhibido en galerías y aparecido en diferentes publicaciones de EE.UU., Alemania, México, Nicaragua y Chile. Ha diseñado para artistas como Carlos Santana, Rubén Blades, Inti-Illimani y el grupo irlandés U2, entre otros. Fundó y dirigió por una década el taller *Mission Graphic* del Centro Cultral de la Misión en San Francisco. Actualmente es Director Artístico de Walden House en esa misma ciudad.